Inhalt

Unter Beschuss - der "Masterplan Logistik und Güterverkehr" findet nur wenig Freunde

Kernthesen

Beitrag

Fallbeispiele

Zahlen und Fakten

Weiterführende Literatur

Impressum

Unter Beschuss - der "Masterplan Logistik und Güterverkehr" findet nur wenig Freunde

Autor GENIOS BranchenWissen: R.Reuter

Kernthesen

- Mit dem Masterplan des Verkehrsministeriums will die Bundesregierung Deutschland fit machen für die kommenden Herausforderungen an Transport und Verkehr.
- Das Konzept, das die Leitlinien der Politik für die nächsten Jahre festlegen soll, priorisiert die Schiene zu Ungunsten der Straße.

- Das Resultat ist deutliche Kritik insbesondere der Straßen-Lobby - die eine Umsetzung des Masterplanes in der jetzigen Form durchaus fraglich macht.

Beitrag

Das Konzept "Schiene statt Straße" des Bundesverkehrsministers stößt auf harsche Kritik. Viele Fachverbände sind der Ansicht, dass die geplante Transportverlagerung vom LKW auf den Güterzug schon wegen fehlender Eisenbahn-Kapazitäten gar nicht möglich ist.

Neue Prioritäten durch den Masterplan

Mit dem kürzlich vorgestellten "Masterplan Güterverkehr und Logistik" will Bundesverkehrsminister Wolfgang Tiefensee (SPD) die Transportprobleme der Zukunft lösen. Das Papier soll eine Weichenstellung vorgeben, um den steigenden Warenverkehr in Deutschland besser zu organisieren. Der Masterplan umfasst 37 Einzelmaßnahmen, mit denen die Effizienz der Verkehrsinfrastruktur erhöht werden soll. Insgesamt sollen die jährlichen Investitionen in Straße, Schiene und Flughäfen und Wasserstraßen deutlich zulegen. Der Schwerpunkt des Ausbaus wird künftig bei der Schiene liegen. Tiefensee stellte in Aussicht, dem Schienengüterverkehr ab 2009 die Stromsteuer zu erlassen. Zudem soll die LKW-Maut so erweitert werden, dass auch die indirekten Kosten wie Umweltverschmutzung und Beeinträchtigung der Verkehrssicherheit den Verursachern angelastet werden. (1), (2), (8)

Schiene statt Straße

Durch die erlassene Stromsteuer würden die Deutsche Bahn und ihre Konkurrenten jährlich rund 36 Millionen Euro einsparen. Den Spediteuren hingegen geht es ans Portmonee: So soll die Maut künftig nicht mehr als Einheitsbetrag erhoben werden, sondern mit jedem gefahrenen Kilometer ansteigen. Auch mit dieser Maßnahme will Tiefensee erreichen, dass die Versender bei langen Strecken stärker auf die Schiene als auf den Straßentransport setzen. Ein weiteres Ziel des Masterplans ist die Verkehrslenkung: Wer zu Stoßzeiten auf der Autobahn fährt, muss mehr Maut bezahlen als in Zeiten ruhigeren Verkehrs. (3)

Mauterhöhung soll eine Milliarde Euro bringen

Mit der Mauterhöhung will der Bundesverkehrsminister rund eine Milliarde Euro in den Bundeshaushalt spülen. Diese Mittel sollen "ungeschmälert" dem Ausbau der gesamten Infrastruktur zugute kommen. Eine Pkw-Maut indessen plant der Minister nicht. (4), (5)

Schelte vom Koalitionspartner

In der Union stößt der Masterplan auf wenig Zustimmung. Kritisiert wird die Priorisierung des Schienenverkehrs zu Lasten der Speditionen. Der Unions-Verkehrspolitiker Dirk Fischer sagte daher eine gemeinsame Pressekonferenz mit Tiefensee ostentativ ab. Auch die Reaktionen der betroffenen Verkehrsverbände machen deutlich, dass der Masterplan wohl eine lange Zeit braucht, bis er umgesetzt werden kann. Manche Kritiker bezeichnen das Positionspapier als "abenteuerlich" und "ideologisch gefärbt". (3)

Enttäuschung beim Deutschen Speditions- und Logistikverband

Dass der Deutsche Speditions- und Logistikverband (DSLV) mit dem Masterplan unzufrieden ist, kann nicht überraschen. Der Verband bemängelt, dass das Papier keine Antworten darauf gebe, wie die zu erwartenden Verkehrsmengen bewältigt werden können. Zudem hatte man gehofft, dass die künftigen Investitionen in die Straße höher ausfallen würden. (1), (6)

Deutsches Verkehrsforum würdigt positive Aspekte

Die Interessenvertretung der Verkehrswirtschaft, das Deutsche Verkehrsforum, übt nur moderate Kritik an dem Plan. In einem Punkt indessen ist das Forum anderer Meinung: Die geplante Investitionserhöhung in die Verkehrsinfrastruktur um eine Milliarde Euro sei viel zu wenig, so der Vorsitzende Dr. Wilhelm Bender. (1)

Bundesverband Deutscher Fluggesellschaften fühlt sich übergangen

Wenig Raum gibt der Masterplan dem Flugverkehr: Ganze anderthalb Seiten sind hierauf verwendet. Zudem sind die Aussagen nur wenig konkret ausgefallen. So wird ohne nähere Erläuterungen angekündigt, dass die Bundesregierung noch in dieser Legislaturperiode ein Flughafenkonzept vorlegen wolle. Die Kritik des Bundesverbandes Deutscher Fluggesellschaften (BDF) fällt dementsprechend deutlich aus: "Das Konzept bleibt weit hinter unseren Erwartungen zurück", sagte Geschäftsführerin Tanja Wielgoß. Ein Hauptanliegen des BDF ist es seit langem, die politische Verantwortung für die Flughäfen neu zu organisieren, wozu sich der Masterplan aber nicht äußert.

Bei der Zuständigkeit für den Luftverkehr herrscht zwischen den Ministerien ein großes Durcheinander. Auf Bundesebene sind hiermit sowohl das Verkehrs- wie das Wirtschafts-, das Umwelt- und das Innenministerium betraut. Die Flughafenaufsicht indessen liegt bei den Bundesländern. Die Mahnung des BDF, das Kompetenzwirrwarr zu beenden und ein gemeinsames Konzept zu entwickeln, ist daher nicht unberechtigt: Eine Folge der fehlenden, einheitlichen Koordinierung sind Provinzpossen wie beispielsweise die Flughäfen in Saarbrücken und Zweibrücken, die nur wenige Kilometer voneinander entfernt liegen. Die schwammigen Auslassungen des Masterplans zum Thema Luftfahrt lassen den BDF befürchten, dass alles bleiben soll wie es war. (2)

BGL bewertet den Masterplan als "unrealistische Verlagerungsphantasien"

Der Bundesverband Güterkraftverkehr, Logistik und Entsorgung (BGL) kritisiert, dass die Schiene die ihr zugemessene Rolle für die Zukunft des Transports gar nicht übernehmen könne. Da sie Kapazitäten nur für ein Fünftel des Verkehrswachstums habe, sei es nicht angemessen, den Straßentransport in der vorgestellten Weise zu verteuern. Der BGL befürchtet, dass die geplante Mauterhöhung zu einer Verdoppelung der Transportpreise führen werde; der Masterplan sei daher nicht mehr als eine "allgemeine Problembeschreibung". Einschlägigen Prognosen zufolge werde das Verkehrswachstum auf der Straße fünfmal höher ausfallen als das Wachstum auf der Schiene. Die Zielstellung des Ministers sei darum eine "unrealistische Verlagerungsphantasie" und gefährde Arbeitsplätze. Die Integration Deutschlands in die Weltwirtschaft stehe auf dem Spiel. (1), (2)

ADAC befürchtet einseitige Belastung

Auch der ADAC sieht in dem Masterplan eine einseitige Belastung des Straßenverkehrs, die zur wirtschaftlichen Schwächung des Standorts Deutschland führen könne. Bemängelt wird die erneut steigende Belastung für den Autofahrer: Schon heute bringe die Gesamtheit der Kraftfahrer jährlich rund 53 Milliarden Euro an Steuern und anderen Abgaben auf, die für die Finanzierung der Verkehrsinfrastruktur und zur Beseitigung von Umweltschäden verwendet würden. (4)

Gegenstimme: Auch der Straßenverkehr profitiert

Im allgemeinen Wehklagen über die Neu-Positionierung der Schiene geht ein wenig unter, dass der Masterplan die Straße ebenfalls fördern will. So sollen Autobahn-Engpässe künftig auf bis zu acht Fahrstreifen ausgebaut werden, unter Einbeziehung privater Investoren. Tiefensee will ihren Anteil an der Vorfinanzierung von Strecken erhöhen. Im Gegenzug sollen die Geldgeber an den Mauteinnahmen beteiligt werden. Zudem sieht der Masterplan vor, insgesamt 11 000 neue Parkplätze für Lastwagen zu bauen, wofür der Bund 250 Millionen Euro spendieren will. Auch Maßnahmen zur Stauvermeidung sind angekündigt. So soll auf deutschen Autobahnen künftig schneller gebaut werden, nötigenfalls auch nachts und an Sonntagen. (3)

VDA und BDI bemängeln Konzept des "Verlagerns und Verteuerns"

Die Reaktion des Verbandes der Automobilindustrie (VDA) macht deutlich, dass es insbesondere die Verteuerung der Straßenbenutzung ist, die dem Masterplan so viel Kritik beschert. Zwar lobt der VDA den geplanten Ausbau des Verkehrsmanagements, hält das Konzept des "Verlagerns und Verteuerns" aber für falsch. Das "beständige Drehen an der Mautschraube" helfe auf Dauer weder dem Standort Deutschland noch der Schiene, argumentiert der VDA. Ähnlich äußert sich der Bundesverband der Deutschen Industrie (BDI). (1)

Handelsverband sieht Gefahren für freien Warenverkehr

Der Bundesverband des Deutschen Groß- und Außenhandels (BGA) hat Zweifel daran geäußert, ob der Masterplan mit dem Grundsatz des freien europäischen Warenhandels in Einklang zu bringen ist. Es bestünde ein Zielkonflikt zwischen der Absicht, im Ausland Werbung für den Logistikstandort Deutschland zu machen, und dem Versuch, den ausländischen Transitverkehr durch höhere Mautforderungen aus Deutschland herauszudrängen. (1)

Pro Mobilität: Zugang zu Auslandsmärkten darf nicht erschwert werden

In die gleiche Kerbe schlägt die Interessengemeinschaft des Straßenverkehrs, "Pro Mobilität": "Warum gerade die Exportnation Deutschland andere Staaten zu Maßnahmen einladen will, die den Zugang zu Auslandsmärkten erschweren, ist nicht verständlich", erklärte Dr. Peter Fischer, Vorsitzender des Präsidiums. (1)

Wenigstens einer freut sich....

Richtig zufrieden mit dem Masterplan ist zurzeit augenscheinlich nur ein einziger Verband: die Interessenorganisation des Schienenverkehrs, Allianz pro Schiene. "Mit dem vorliegenden Entwurf bekennt sich die Bundesregierung erfreulich konkret zur Verkehrsverlagerung von der Straße auf die Schiene", kommentierte Geschäftsführer Dirk Flege die Vorlage. (1)

Fallbeispiele

Bauarbeiten bei Dunkelheit

Für einen besseren Verkehrsfluss auf den Autobahnen will der Bundesverkehrsminister durchsetzen, dass auf den Baustellen künftig länger gearbeitet wird - auch bei Dunkelheit. Zudem solle bundesweit sowohl der Samstag wie in Ausnahmefällen die Nacht genutzt werden, um Bauprojekte auf den Straßen schneller fertig stellen zu können. Nach Aussage Tiefensees verursachen Baustellen bis zu 35 Prozent aller Autobahn-Staus. Um diese zu vermeiden und die Sicherheit zu erhöhen, sollen ein verbessertes Baustellen-Management sowie moderne elektronische Verkehrsleitsysteme zum Einsatz kommen. (7)

Ostminister mahnen zur Eile

Die Verkehrsminister der neuen Bundesländer haben zu größerer Eile bei den Verkehrsprojekten zur Deutschen Einheit aufgerufen. Fast jedes dieser Vorhaben "hängt noch in der Warteschleife", sagte Sachsen-Anhalts Verkehrsminister Karl-Heinz Daehre. Sein Kollege aus Thüringen, Andreas Trautvetter, kritisierte insbesondere die hohe Zahl an Langsamfahrstrecken im Schienennetz des Bundeslandes. Bundesverkehrsminister Tiefensee hat Verständnis für die Wunschliste gezeigt, machte aber klar, dass auch im Westen mittlerweile enormer Nachholbedarf bestehe. (9)

Zahlen & Fakten

Weiter Streit um die Bahn

Der geplante Börsengang der Bahn entzweit weiterhin die Politik. Im Dilemma stecken dabei insbesondere die Sozialdemokraten: Ihre für die Bahn-Privatisierung zuständigen Minister, Peer Steinbrück und Wolfgang Tiefensee, favorisieren das sogenannte Holdingmodell, das sie mit Bahn-Chef Hartmut Mehdorn ausgearbeitet haben. Hierbei würden Schienen und Bahnhöfe zu 100 Prozent in Staatshand bleiben, während sich private Investoren zu 49 Prozent am Betrieb beteiligen könnten. Die Partei hat hingegen beschlossen, dass die Bahn nur über sogenannte Volksaktien privatisiert werden soll. (10)

Weiterführende Literatur

(1) Schiene begeistert, Straße entgeistert
aus DVZ, Nr. 035-036 vom 20.03.2008

(2) Spediteure fürchten den Dauerstau
aus Handelsblatt Nr. 057 vom 20.03.08 Seite 5

(3) Ab auf die Schiene
aus Süddeutsche Zeitung, 15.03.2008, Ausgabe Bayern, München, Deutschland, S. 26

(4) Masterplan Güterverkehr erntet Kritik Den

Masterplan Güterverkehr und Logistik hat Bundesverkehrsminister Wolfgang Tiefensee jetzt vorgestellt. Ziele des Plans sind unter anderem Konzepte für einen umweltfreundlicheren Innenstadtverkehr, längere Züge und kürzere Bauzeiten für Autobahnbaustell
aus MOTOR-INFORMATIONS-DIENST vom 17.März 2008

(5) Wieder soll das Gewerbe zahlen
aus DVZ, Nr. 033 vom 15.03.2008

(6) DSLV vermisst Gesamtkonzept
aus DVZ, Nr. 031 vom 11.03.2008

(7) Tiefensee: Weniger Staus Bauarbeiten bei Dunkelheit
aus Süddeutsche Zeitung, 18.03.2008, Ausgabe Bayern, München, Deutschland, S. 6

(8) Tiefensee will Lkw-Maut erhöhen und neue Bahnstrecken bauen
aus DIE WELT, 15.03.2008, Nr. 64, S. 10

(9) Minister aus Mitteldeutschland fordern auf Logistikkongress mehr Investitionen / Tiefensee verteidigt Masterplan
aus LVZ/Leipziger-Volkszeitung, 19.03.2008, S. 6

(10) Bahn-Börsengang macht SPD sprachlos Sozialdemokraten verhindern Debatte im Bundestag · Parteilinke will Holdingmodell torpedieren ·

Kompromiss schwierig
aus Financial Times Deutschland vom 13.03.2008,
Seite 11

Impressum

Unter Beschuss - der "Masterplan Logistik und Güterverkehr" findet nur wenig Freunde

Bibliografische Information der deutschen Nationalbibliothek

Die Deutsche Nationalbibliothek verzeichnet diese Publikation in der deutschen Nationalbibliografie; detaillierte bibliografische Daten sind im Internet über http://dnb.d-nb.de abrufbar.

ISBN: 978-3-7379-3048-2

© 2015 GBI-Genios Deutsche Wirtschaftsdatenbank GmbH, Freischützstraße 96, 81927 München, www.genios.de

Alle Rechte vorbehalten. Dieses Werk ist einschließlich aller seiner Teile – z.B. Texte, Tabellen und Grafiken - urheberrechtlich geschützt. Jede Verwertung außerhalb der Grenzen des Urheberrechtsgesetzes bedarf der vorherigen Zustimmung des Verlags. Dies gilt insbesondere auch für auszugsweise Nachdrucke, fotomechanische

Vervielfältigungen (Fotokopie/Mikroskopie), Übersetzungen, Auswertungen durch Datenbanken oder ähnliche Einrichtungen und die Einspeicherung und Verarbeitung in elektronischen Systemen.